Recherche du passé

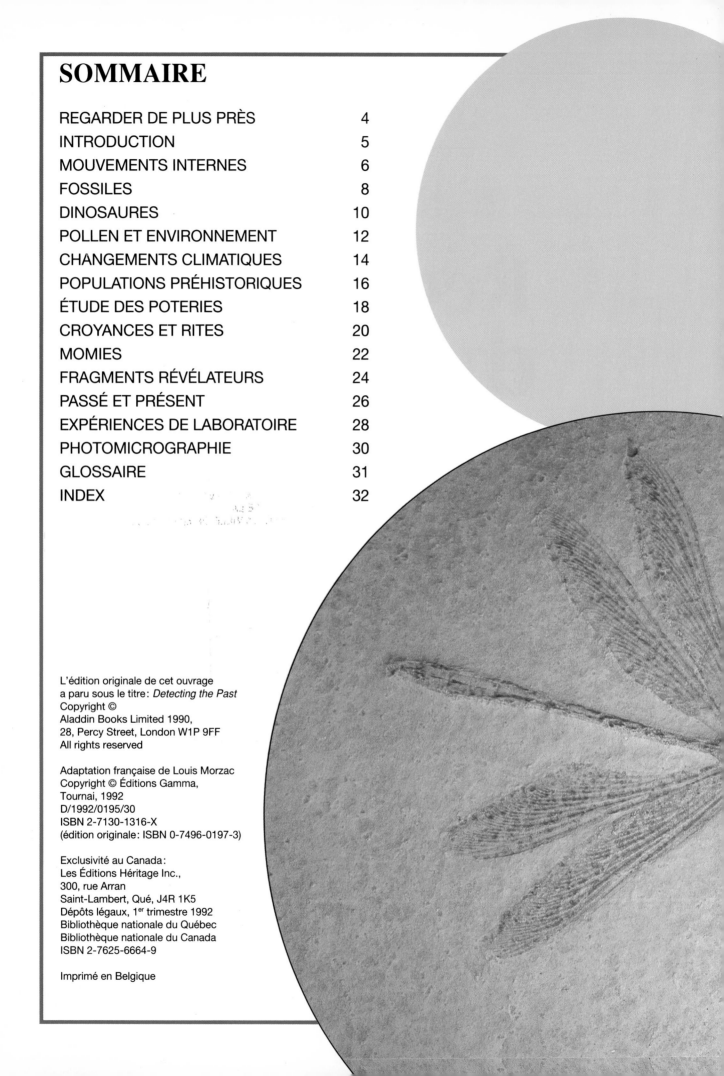

SOMMAIRE

L'édition originale de cet ouvrage
a paru sous le titre: *Detecting the Past*
Copyright ©
Aladdin Books Limited 1990,
28, Percy Street, London W1P 9FF
All rights reserved

Adaptation française de Louis Morzac
Copyright © Éditions Gamma,
Tournai, 1992
D/1992/0195/30
ISBN 2-7130-1316-X
(édition originale: ISBN 0-7496-0197-3)

Exclusivité au Canada:
Les Éditions Héritage Inc.,
300, rue Arran
Saint-Lambert, Qué, J4R 1K5
Dépôts légaux, 1er trimestre 1992
Bibliothèque nationale du Québec
Bibliothèque nationale du Canada
ISBN 2-7625-6664-9

Imprimé en Belgique

AU MICROSCOPE

Recherche du passé

Mike Corbishley – Louis Morzac

ÉDITIONS GAMMA
ÉDITIONS HÉRITAGE INC.

REGARDER DE PLUS PRÈS

Loupes et microscopes utilisent des lentilles pour dévier les rayons lumineux. Communément, une lentille est un disque bombé, en verre. S'il est convexe, l'objet regardé à travers elle apparaît agrandi. Un microscope comporte plusieurs lentilles ainsi que des dispositifs permettant la mise au point et le choix du grossissement. L'objet à examiner doit être suffisamment petit pour tenir sur la lame de verre porte-objet, posée et maintenue sur la platine de l'appareil. L'objet est éclairé par l'intermédiaire d'un miroir orientable. Les lentilles, situées dans le corps de l'appareil, donnent de l'objet une image fortement agrandie. Le microscope électronique remplace la lumière par un faisceau d'électrons et les lentilles optiques par des lentilles magnétiques.

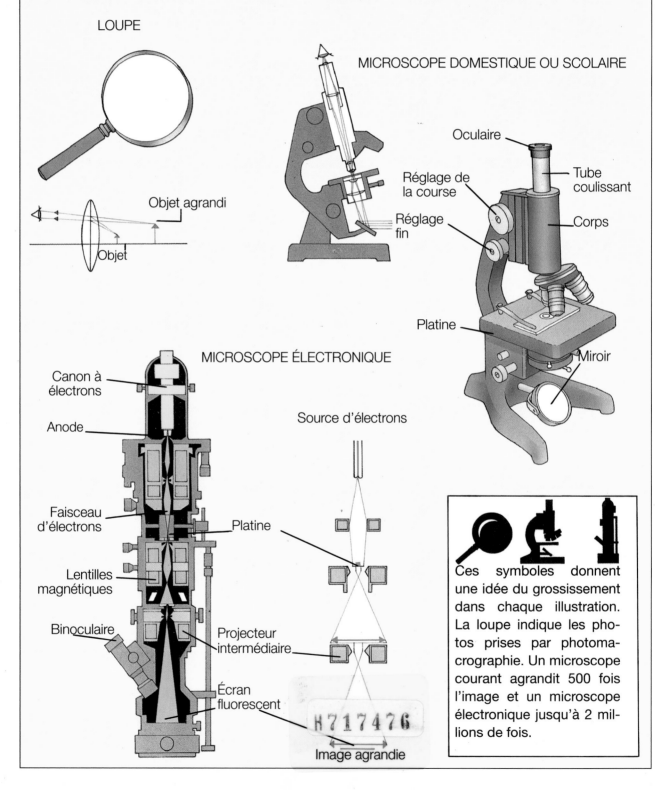

LOUPE

Objet agrandi

Objet

MICROSCOPE DOMESTIQUE OU SCOLAIRE

Oculaire

Réglage de la course

Réglage fin

Tube coulissant

Corps

Platine

Miroir

MICROSCOPE ÉLECTRONIQUE

Canon à électrons

Anode

Faisceau d'électrons

Lentilles magnétiques

Binoculaire

Source d'électrons

Platine

Projecteur intermédiaire

Écran fluorescent

Image agrandie

Ces symboles donnent une idée du grossissement dans chaque illustration. La loupe indique les photos prises par photomacrographie. Un microscope courant agrandit 500 fois l'image et un microscope électronique jusqu'à 2 millions de fois.

INTRODUCTION

Le microscope permet l'étude de structures trop petites pour être visibles à l'œil nu. Cet ouvrage présente des photos prises à travers un microscope ou à l'aide de caméras munies de lentilles grossissantes. Des schémas explicatifs facilitent la compréhension des vues microscopiques. Les géologues, paléontologues et archéologues découvrent puis décrivent le passé. Les géologues s'intéressent aux roches et aux fossiles. Les archéologues étudient les vestiges des civilisations anciennes. Les paléontologues se plongent dans l'étude des fossiles. Tous contribuent à une meilleure compréhension d'un passé lointain.

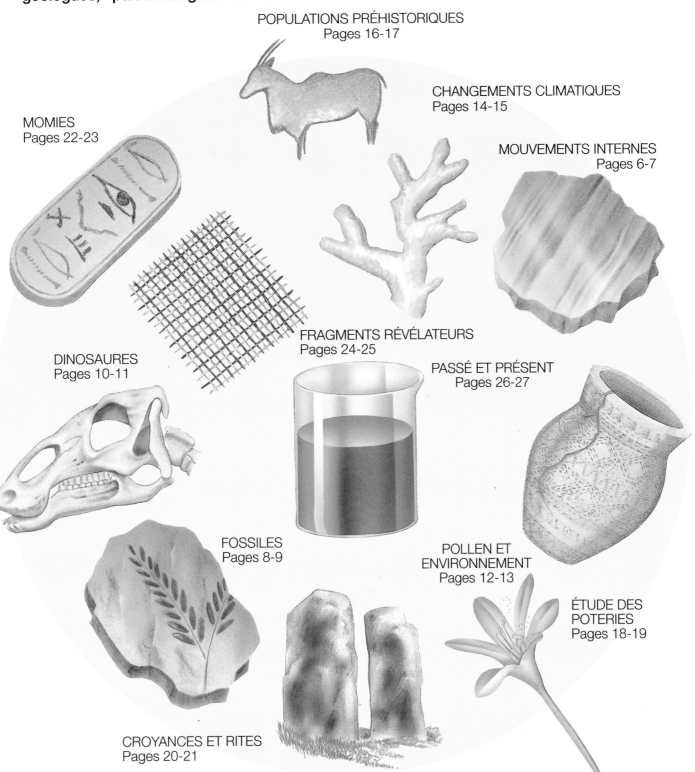

POPULATIONS PRÉHISTORIQUES
Pages 16-17

CHANGEMENTS CLIMATIQUES
Pages 14-15

MOUVEMENTS INTERNES
Pages 6-7

MOMIES
Pages 22-23

FRAGMENTS RÉVÉLATEURS
Pages 24-25

DINOSAURES
Pages 10-11

PASSÉ ET PRÉSENT
Pages 26-27

FOSSILES
Pages 8-9

POLLEN ET
ENVIRONNEMENT
Pages 12-13

ÉTUDE DES
POTERIES
Pages 18-19

CROYANCES ET RITES
Pages 20-21

MOUVEMENTS INTERNES

Il y a 4,5 milliards d'années, la Terre était une masse en fusion. Sa surface s'est refroidie graduellement et est devenue une croûte. Cependant, des glissements de plaques rocheuses, des plissements et des dislocations se poursuivent. L'écorce terrestre est constituée de différents types de roches. Certaines proviennent de l'éruption de matières en fusion; d'autres se sont constituées de couches de sable et de boue (à gauche), d'autres ont subi des transformations. On les appelle respectivement ignées, sédimentaires ou métamorphiques. Les connaissances des géologues s'étendent aussi à la détection des ressources minérales et aux réserves de combustibles essentiels à notre mode de vie.

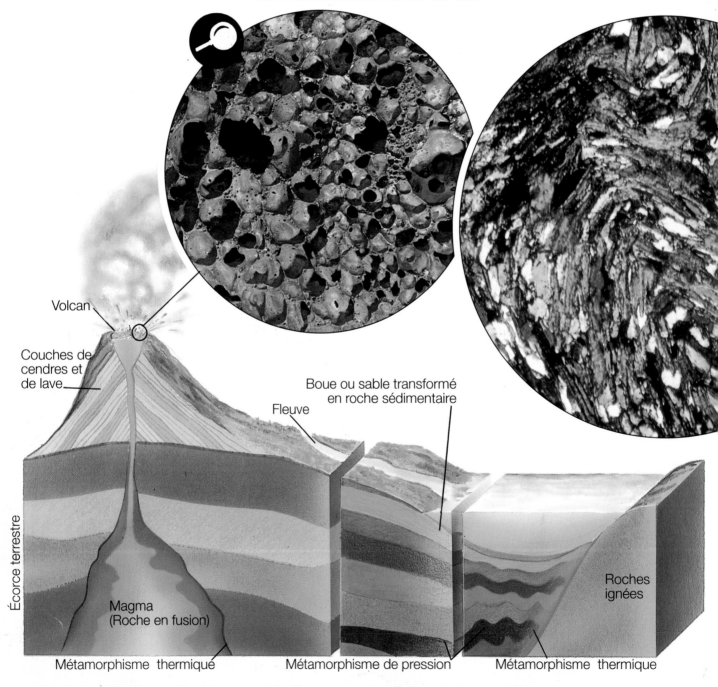

Volcan

Couches de cendres et de lave

Fleuve

Boue ou sable transformé en roche sédimentaire

Écorce terrestre

Magma (Roche en fusion)

Roches ignées

Métamorphisme thermique

Métamorphisme de pression

Métamorphisme thermique

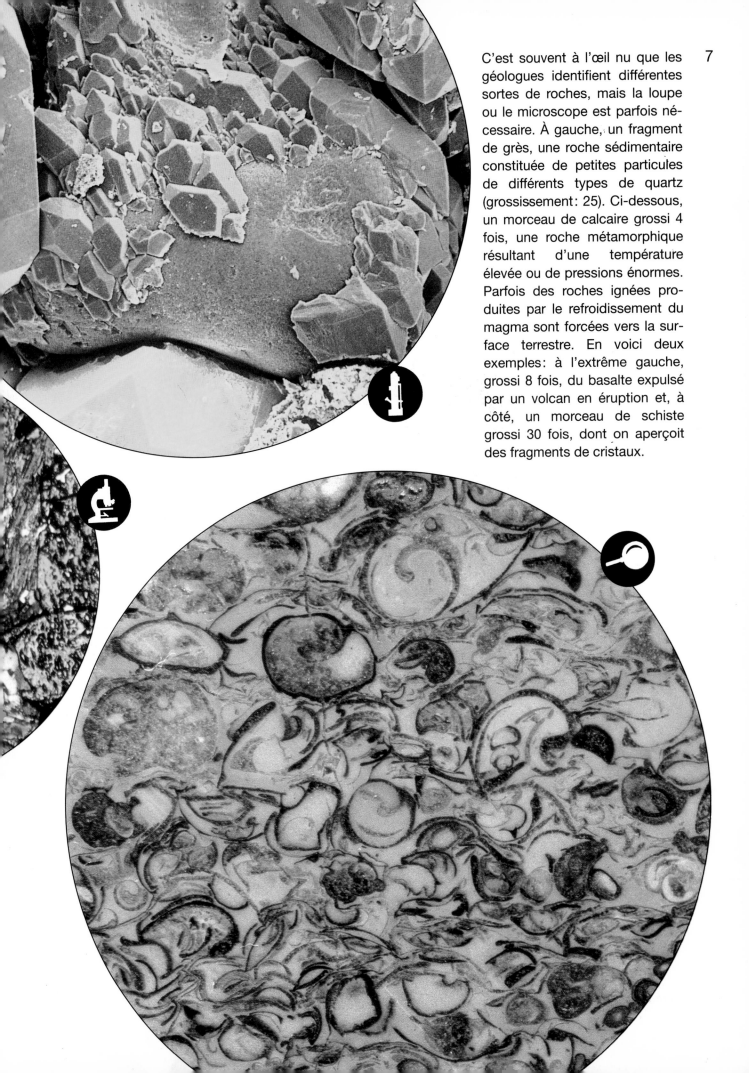

C'est souvent à l'œil nu que les géologues identifient différentes sortes de roches, mais la loupe ou le microscope est parfois nécessaire. À gauche, un fragment de grès, une roche sédimentaire constituée de petites particules de différents types de quartz (grossissement: 25). Ci-dessous, un morceau de calcaire grossi 4 fois, une roche métamorphique résultant d'une température élevée ou de pressions énormes. Parfois des roches ignées produites par le refroidissement du magma sont forcées vers la surface terrestre. En voici deux exemples: à l'extrême gauche, grossi 8 fois, du basalte expulsé par un volcan en éruption et, à côté, un morceau de schiste grossi 30 fois, dont on aperçoit des fragments de cristaux.

FOSSILES

Les fossiles sont des restes d'animaux ou de végétaux qui ont été préservés dans le sol au fil des temps. Ils sont généralement pétrifiés, mais il arrive que leurs parties les plus dures telles que les os ou un insecte complet soient conservées comme cette mouche dans de l'ambre (au-dessous à droite). À gauche, transformée en un film de carbone, l'empreinte d'une feuille. Les traces fossilisées peuvent provenir de n'importe quoi, de l'empreinte du pied d'un dinosaure au trou creusé par un ver dans ce qui fut autrefois de la boue. Certaines roches sont consti-tuées de fossiles. Le charbon, par exemple, est essentiel-lement constitué de végétaux comprimés il y a plus de 300 millions d'années.

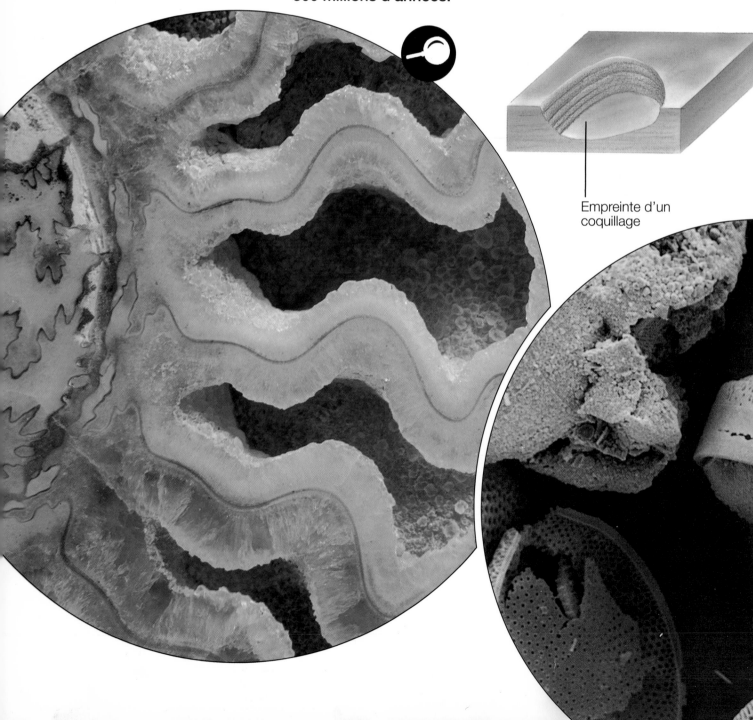

Empreinte d'un coquillage

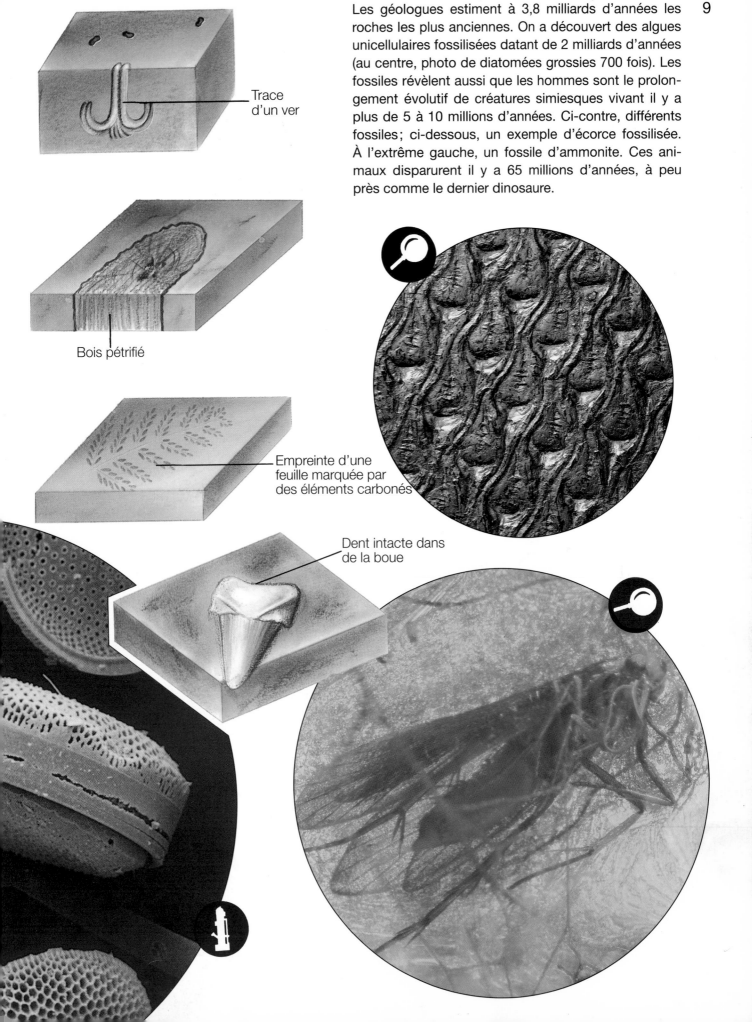

Trace
d'un ver

Bois pétrifié

Empreinte d'une
feuille marquée par
des éléments carbonés

Dent intacte dans
de la boue

Les géologues estiment à 3,8 milliards d'années les roches les plus anciennes. On a découvert des algues unicellulaires fossilisées datant de 2 milliards d'années (au centre, photo de diatomées grossies 700 fois). Les fossiles révèlent aussi que les hommes sont le prolongement évolutif de créatures simiesques vivant il y a plus de 5 à 10 millions d'années. Ci-contre, différents fossiles ; ci-dessous, un exemple d'écorce fossilisée. À l'extrême gauche, un fossile d'ammonite. Ces animaux disparurent il y a 65 millions d'années, à peu près comme le dernier dinosaure.

DINOSAURES

Les dinosaures étaient d'énormes animaux de l'ère secondaire. Leur espèce disparut il y a 65 millions d'années environ. Ils s'éteignirent brutalement peut-être à cause du refroidissement rapide du climat. Avant cette époque, la Terre était humide et chaude au point de trouver des plantes tropicales à l'intérieur du cercle arctique et des dinosaures qui en étaient friands. Les dinosaures disparurent de la planète des millions d'années avant l'apparition de l'homme. Seuls leurs fossiles nous permettent de les reconstituer. Les animaux actuels qui s'en rapprochent le plus sont les crocodiles et les oiseaux. Les savants ont jusqu'à présent dénombré des centaines d'espèces de dinosaures.

Adulte, le protocératops, long de 1,8 m, portait des cornes. La découverte de nids entiers d'œufs fossilisés (ci-dessous) permit d'imaginer leur mode de reproduction et leur croissance. Le jeune protocératops mesurait environ 30 cm. La taille des dinosaures était très variable.

Le brachiosaure par exemple, mesurait 23 mètres et pesait 80 tonnes. Le cynognathus dont proviennent ces dents (au-dessous à droite) ne mesurait que 1,5 m. Ce reptile vivait il y a 200 millions d'années.

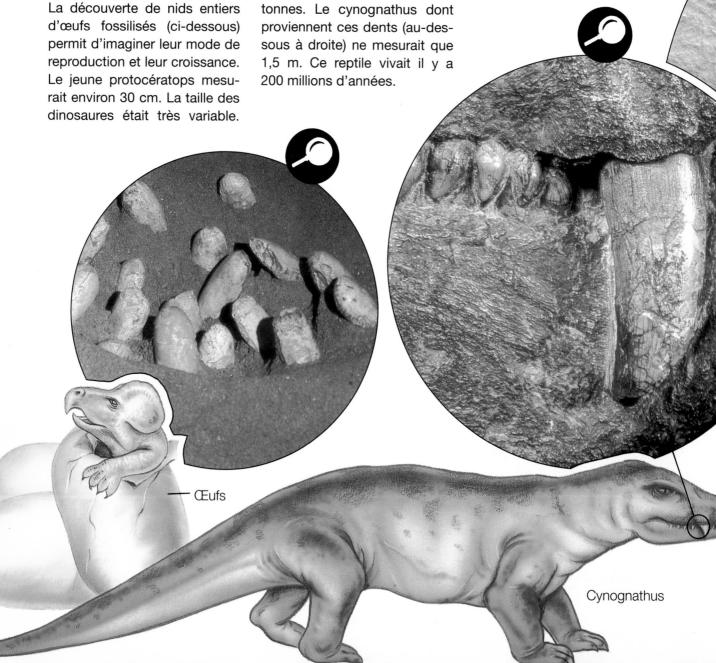

Œufs

Cynognathus

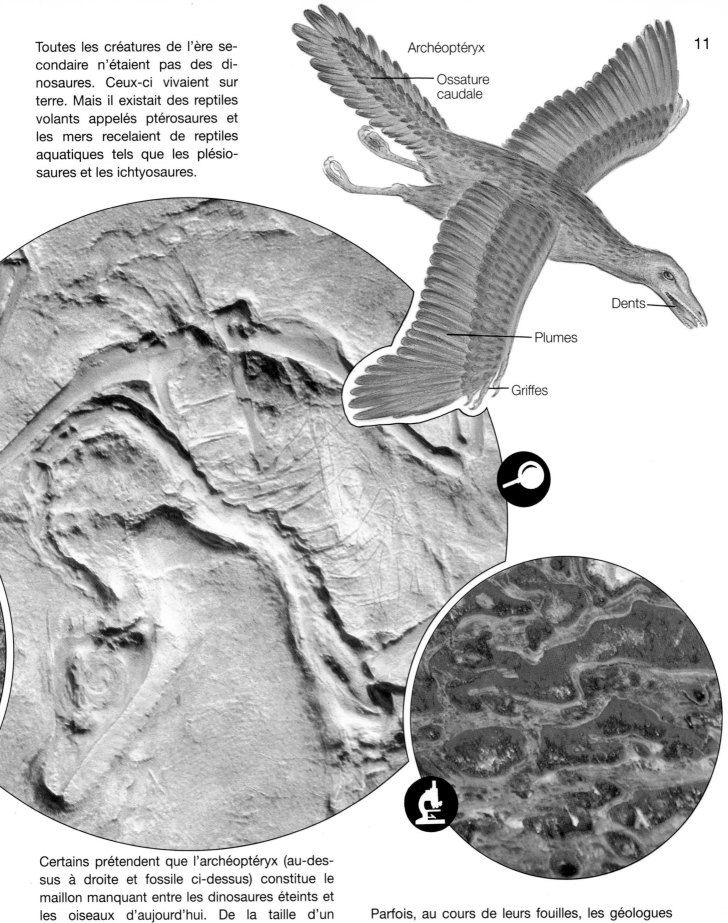

Toutes les créatures de l'ère secondaire n'étaient pas des dinosaures. Ceux-ci vivaient sur terre. Mais il existait des reptiles volants appelés ptérosaures et les mers recelaient de reptiles aquatiques tels que les plésiosaures et les ichtyosaures.

Archéoptéryx

Ossature caudale

Dents

Plumes

Griffes

Certains prétendent que l'archéoptéryx (au-dessus à droite et fossile ci-dessus) constitue le maillon manquant entre les dinosaures éteints et les oiseaux d'aujourd'hui. De la taille d'un corbeau, il se nourrissait d'insectes et de petits reptiles. Ces volatiles avaient des plumes, une mâchoire dentée, des griffes aux ailes qui leur servaient à escalader les arbres et une longue queue osseuse.

Parfois, au cours de leurs fouilles, les géologues tombent sur un groupe d'os fossilisés qui révèlent leur splendeur au microscope (ci-dessus). Les paléontologues, dont c'est la spécialité, étudieront ces découvertes en détail.

POLLEN ET ENVIRONNEMENT

On trouve du pollen dans les anthères des plantes et des arbres en floraison. Il est poudreux et ses grains pris individuellement ne sont visibles qu'au microscope. Ils sont recouverts d'une double enveloppe. L'une, intérieure, l'intine, est mince, mais l'extérieure ou exine est plus épaisse et résistante, et assure au pollen une longue préservation. Au cours de la floraison, des millions de grains de pollen flottent dans l'air. Bon nombre d'entre eux sont emprisonnés et préservés dans des tourbières, par exemple. Les archéologues peuvent, au cours de leurs fouilles, en collecter et les étudier. Les grains de pollen peuvent être identifiés et, par conséquent, leur étude permet d'en déterminer l'origine.

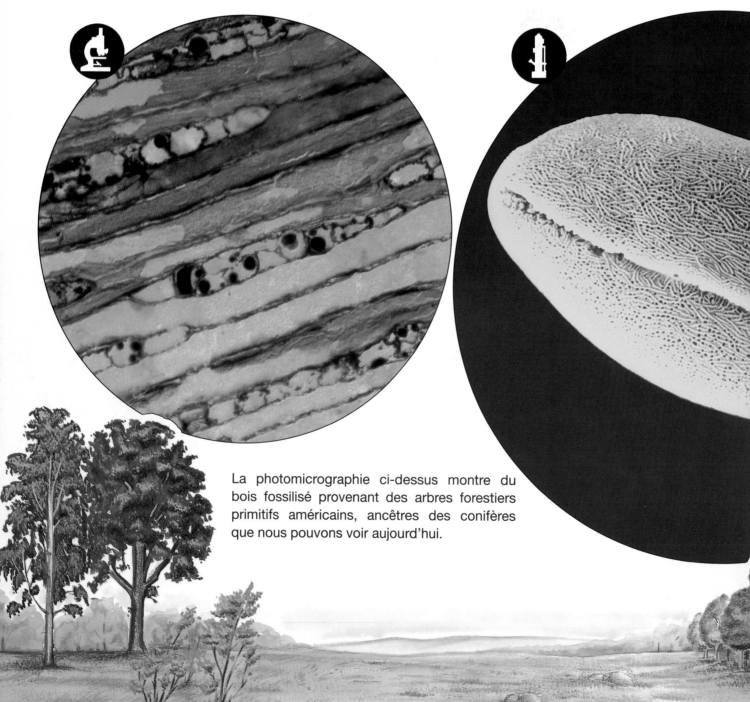

La photomicrographie ci-dessus montre du bois fossilisé provenant des arbres forestiers primitifs américains, ancêtres des conifères que nous pouvons voir aujourd'hui.

Le trajet parcouru par les grains de pollen depuis leur lieu d'émission est très bref. Nous pouvons par conséquent reconstruire mentalement assez facilement un environnement disparu par l'étude des grains de pollen préservés. De nombreuses sortes de grains de pollen préhistoriques ressemblent à ceux des plantes contemporaines. L'exine des deux échantillons figurant au bas de cette page diffère. À gauche, une véronique au grossissement 560. À droite, une porcelle grossie 486 fois. Au centre, un grain de pollen de rose trémière, grossi 665 fois.

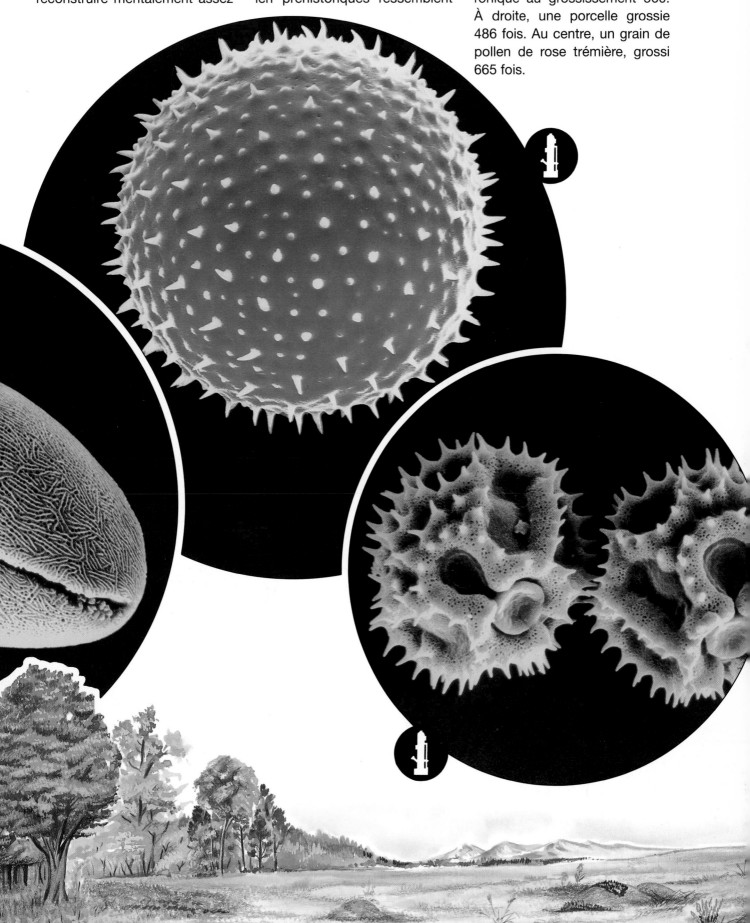

CHANGEMENTS CLIMATIQUES

Au cours des derniers milliards d'années, les dimensions, les formes et les reliefs terrestres et marins se sont considérablement modifiés. Les climats ont beaucoup varié aussi. Au cours des périodes glaciaires, le froid régnant dans des régions entières y rendait toute vie difficile, voire impossible. La Grande-Bretagne constitue un exemple de l'influence du climat sur les continents. Il y a 300 000 ans, ce pays faisait partie du continent européen. À cette époque, les premières populations migrantes gagnèrent le nord de la Grande-Bretagne pour y chasser, pêcher et assurer leur subsistance. Il y a 7 ou 8 000 ans le climat se réchauffa. La glace fondit, le niveau des mers s'éleva et la Grande-Bretagne devint une île.

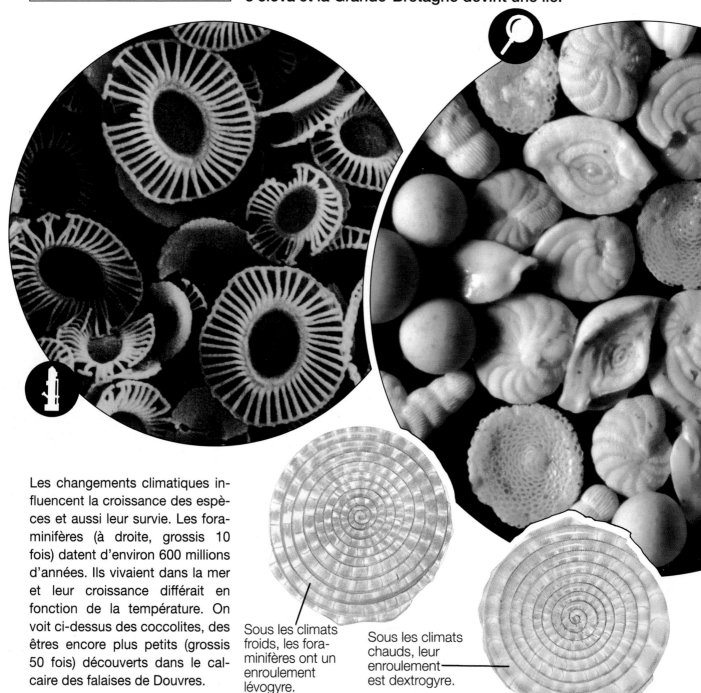

Les changements climatiques influencent la croissance des espèces et aussi leur survie. Les foraminifères (à droite, grossis 10 fois) datent d'environ 600 millions d'années. Ils vivaient dans la mer et leur croissance différait en fonction de la température. On voit ci-dessus des coccolites, des êtres encore plus petits (grossis 50 fois) découverts dans le calcaire des falaises de Douvres.

Sous les climats froids, les foraminifères ont un enroulement lévogyre.

Sous les climats chauds, leur enroulement est dextrogyre.

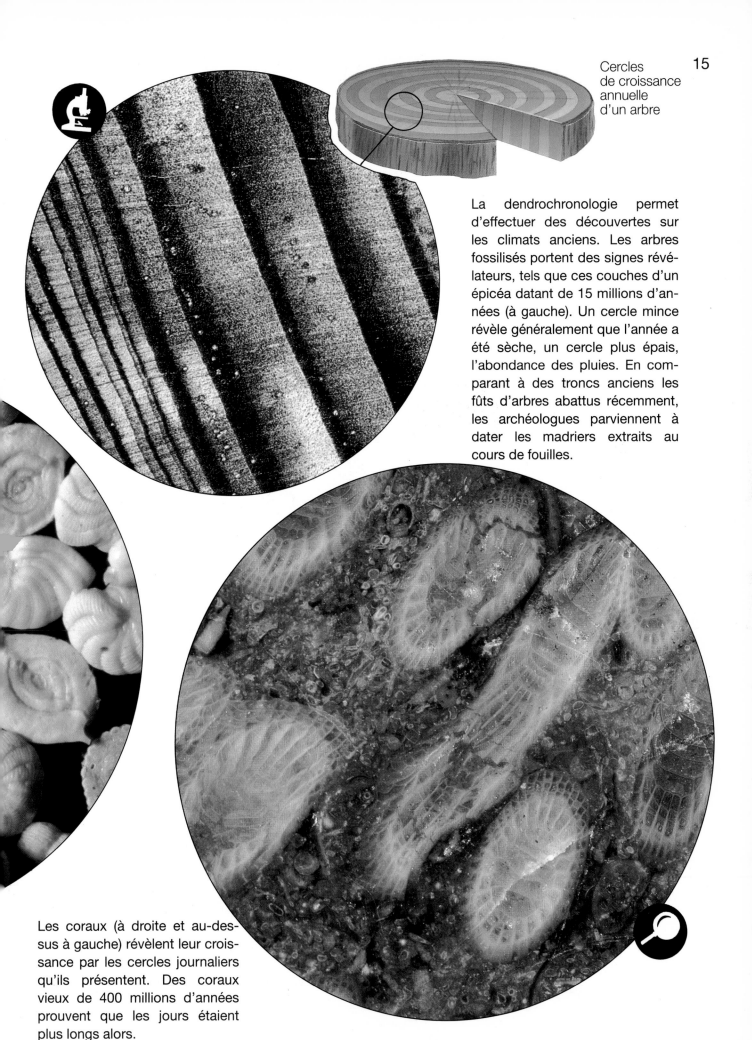

Cercles
de croissance
annuelle
d'un arbre

La dendrochronologie permet d'effectuer des découvertes sur les climats anciens. Les arbres fossilisés portent des signes révélateurs, tels que ces couches d'un épicéa datant de 15 millions d'années (à gauche). Un cercle mince révèle généralement que l'année a été sèche, un cercle plus épais, l'abondance des pluies. En comparant à des troncs anciens les fûts d'arbres abattus récemment, les archéologues parviennent à dater les madriers extraits au cours de fouilles.

Les coraux (à droite et au-dessus à gauche) révèlent leur croissance par les cercles journaliers qu'ils présentent. Des coraux vieux de 400 millions d'années prouvent que les jours étaient plus longs alors.

16

POPULATIONS PRÉHISTORIQUES

L'homme est apparu sur Terre il y a plus de 3 millions d'années. Des archéologues ont découvert des os humains fossilisés et des outils d'époque. La difficulté principale consistait à dater les ossements découverts et à imaginer l'évolution humaine depuis ses débuts. À droite, des os fossilisés de la mâchoire et des dents de l'un de nos cousins éloignés, l'***australopithecus afarensis***, découvert en Éthiopie. L'espèce humaine - ***Homo sapiens*** - s'est probablement répandue d'Afrique vers l'Europe, l'Asie et l'Australie. Nous savons maintenant que des hommes atteignirent l'Australie il y a environ 40 000 ans. Ces populations vivaient de la chasse, de la pêche et de la cueillette des fruits sauvages.

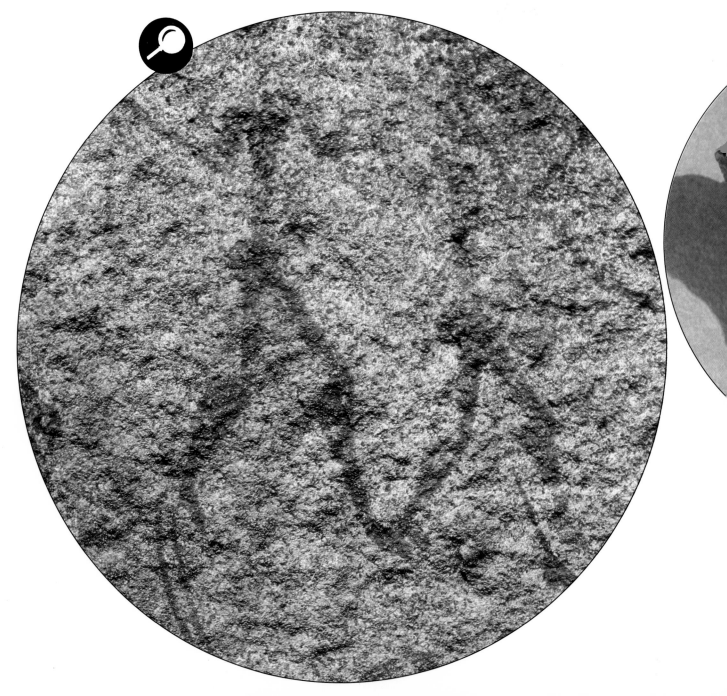

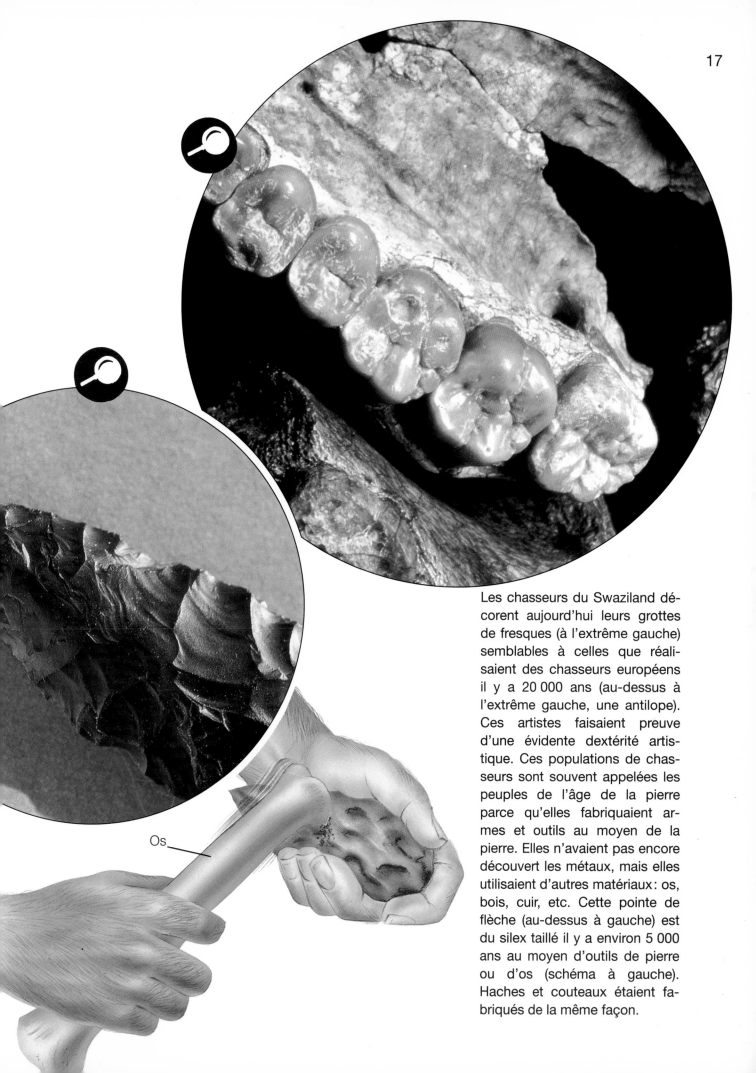

Os

Les chasseurs du Swaziland décorent aujourd'hui leurs grottes de fresques (à l'extrême gauche) semblables à celles que réalisaient des chasseurs européens il y a 20 000 ans (au-dessus à l'extrême gauche, une antilope). Ces artistes faisaient preuve d'une évidente dextérité artistique. Ces populations de chasseurs sont souvent appelées les peuples de l'âge de la pierre parce qu'elles fabriquaient armes et outils au moyen de la pierre. Elles n'avaient pas encore découvert les métaux, mais elles utilisaient d'autres matériaux: os, bois, cuir, etc. Cette pointe de flèche (au-dessus à gauche) est du silex taillé il y a environ 5 000 ans au moyen d'outils de pierre ou d'os (schéma à gauche). Haches et couteaux étaient fabriqués de la même façon.

ÉTUDE DES POTERIES

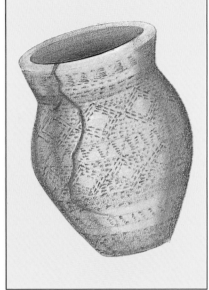

Les poteries sont des objets, récipients de ménage pour la plupart, réalisés au moyen de pâte argileuse traitée et cuite au four ou dans des feux ouverts. Elles furent inventées il y a plus de 10 000 ans et elles constituent les objets œuvrés les plus courants découverts au cours des fouilles archéologiques. En cuisant, l'argile s'est durcie et est pratiquement indestructible, bien que les découvertes ne mettent souvent en évidence que des tessons. Il arrive qu'on mette à jour des objets intacts tels que cette urne funéraire datant de 4000 ans (au-dessous à gauche) découverte dans une tombe. L'étude des poteries permet souvent d'en connaître davantage sur leur origine: fabricant, lieu d'extraction de l'argile, goûts artistiques, etc.

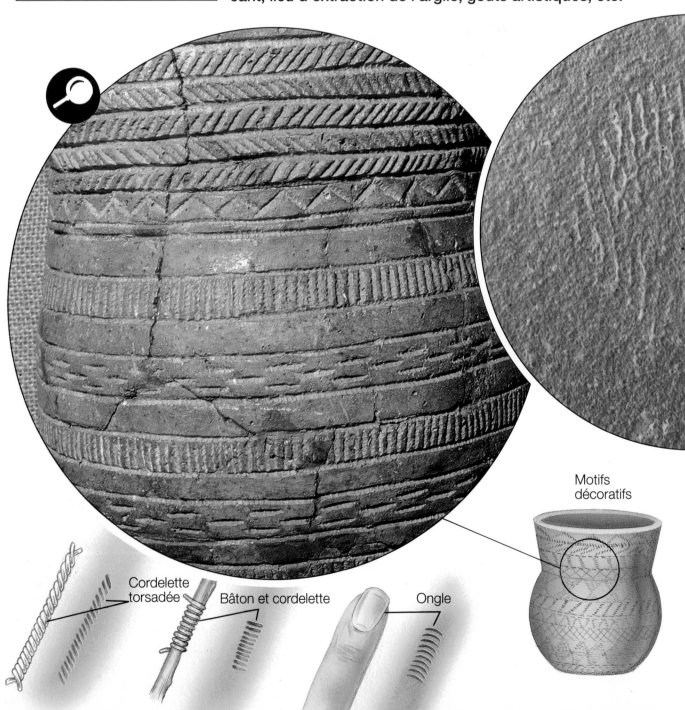

Cordelette torsadée

Bâton et cordelette

Ongle

Motifs décoratifs

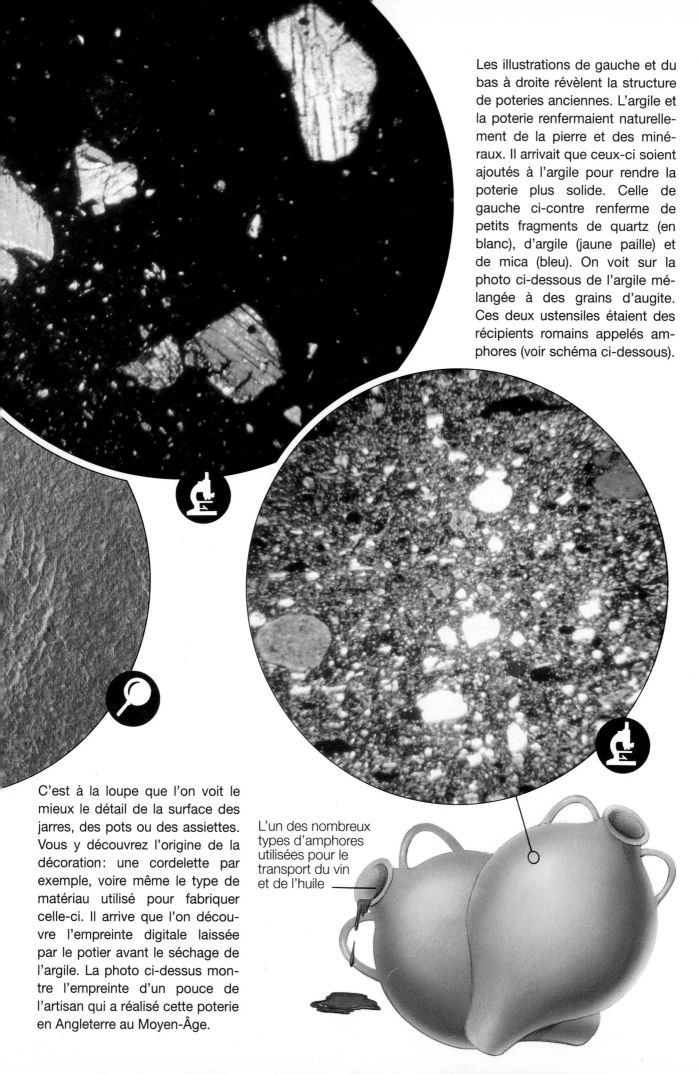

Les illustrations de gauche et du bas à droite révèlent la structure de poteries anciennes. L'argile et la poterie renfermaient naturellement de la pierre et des minéraux. Il arrivait que ceux-ci soient ajoutés à l'argile pour rendre la poterie plus solide. Celle de gauche ci-contre renferme de petits fragments de quartz (en blanc), d'argile (jaune paille) et de mica (bleu). On voit sur la photo ci-dessous de l'argile mélangée à des grains d'augite. Ces deux ustensiles étaient des récipients romains appelés amphores (voir schéma ci-dessous).

C'est à la loupe que l'on voit le mieux le détail de la surface des jarres, des pots ou des assiettes. Vous y découvrez l'origine de la décoration: une cordelette par exemple, voire même le type de matériau utilisé pour fabriquer celle-ci. Il arrive que l'on découvre l'empreinte digitale laissée par le potier avant le séchage de l'argile. La photo ci-dessus montre l'empreinte d'un pouce de l'artisan qui a réalisé cette poterie en Angleterre au Moyen-Âge.

L'un des nombreux types d'amphores utilisées pour le transport du vin et de l'huile

CROYANCES ET RITES

Certains monuments préhistoriques étaient de vastes tumuli de forme allongée ou arrondie qui témoignent encore aujourd'hui de croyances anciennes dans la survie de l'homme. L'intérieur de ces monuments était constitué de chambres où s'étalaient les ossements des défunts. Des urnes funéraires accompagnaient les morts dans leur ultime refuge (page 18). Certains monuments tels que les menhirs, ou les cercles, comme à Stonehenge, témoignent des rites et des cérémonies relevant d'un culte. L'édification de ces monuments exigeait des efforts gigantesques car les peuples préhistoriques ne disposaient pas de machines et d'engins pour tailler et transporter les blocs de pierre ou de vastes quantités de terre.

Les graines ci-dessous ont été découvertes au cours de l'ouverture d'un énorme tumulus appelé Silbury Hill dans le Wiltshire en Angleterre. Datant de 4 500 ans environ, il doit avoir dépassé à l'origine 50 m de haut. Sa construction a requis l'équivalent d'un travail continu de 500 hommes pendant 10 ans. Les graines, les herbes, les coléoptères et les fourmis volantes préservés sous le tumulus ont montré que l'ouvrage avait dû débuter en été.

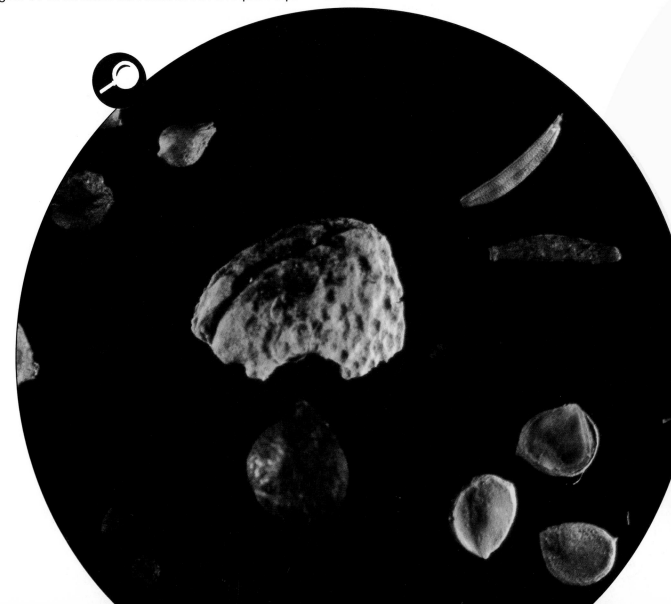

Les Celtes s'installèrent en Europe occidentale environ 700 ans avant notre ère. Ils étaient renommés pour leur travail du métal. On voit à droite le motif décoratif d'un sceau représentant une tête humaine au casque orné de motifs divers. Les Celtes croyaient à l'omniprésence des dieux et des esprits et à leurs exigences d'offrandes et de sacrifices. Ci-dessous, la tête de «l'homme de Tollund», probablement une victime sacrificatoire qui fut pendue ou étranglée avant d'être abandonnée dans une tourbière au Danemark. Son corps était si bien conservé que les archéologues purent identifier son dernier repas à partir des végétaux variés trouvés dans son estomac.

MOMIES

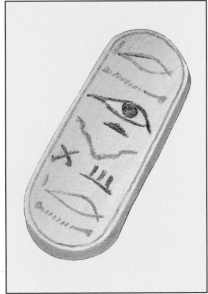

Les anciens Égyptiens croyaient à la survie. Ils pensaient que le défunt, au cours d'un périple aux enfers, mènerait une existence semblable à son existence terrestre. Les rois demeureraient des rois, les riches marchands continueraient à jouir de leurs richesses, les domestiques poursuivraient leur vie de serviteurs, etc. Nous savons tout cela parce que des archéologues sont parvenus à décrypter les hiéroglyphes, tels que ceux-ci à gauche. Les Égyptiens pensaient qu'il était important que les corps, tout comme les biens des individus, atteignent intacts les Enfers. Un processus complexe de momification était destiné à dessécher le corps pour le préserver dans la mort des atteintes du temps.

La préparation d'une momie consistait d'abord à éviscérer le cadavre. Les viscères étaient placés dans des vases spéciaux. Le corps était desséché à l'aide de natrum pour éviter sa putréfaction. Il était ensuite enveloppé de tissu et de bandelettes (voir à droite).

Des médecins ont découvert un certain nombre de blessures et de maladies dont étaient atteints ceux qui furent momifiés. La photo ci-dessus montre un kyste au cerveau occasionné par un cestode. À droite, une image informatisée et grossie du crâne de Ta-bes, une chanteuse qui vécut environ 900 ans avant notre ère.

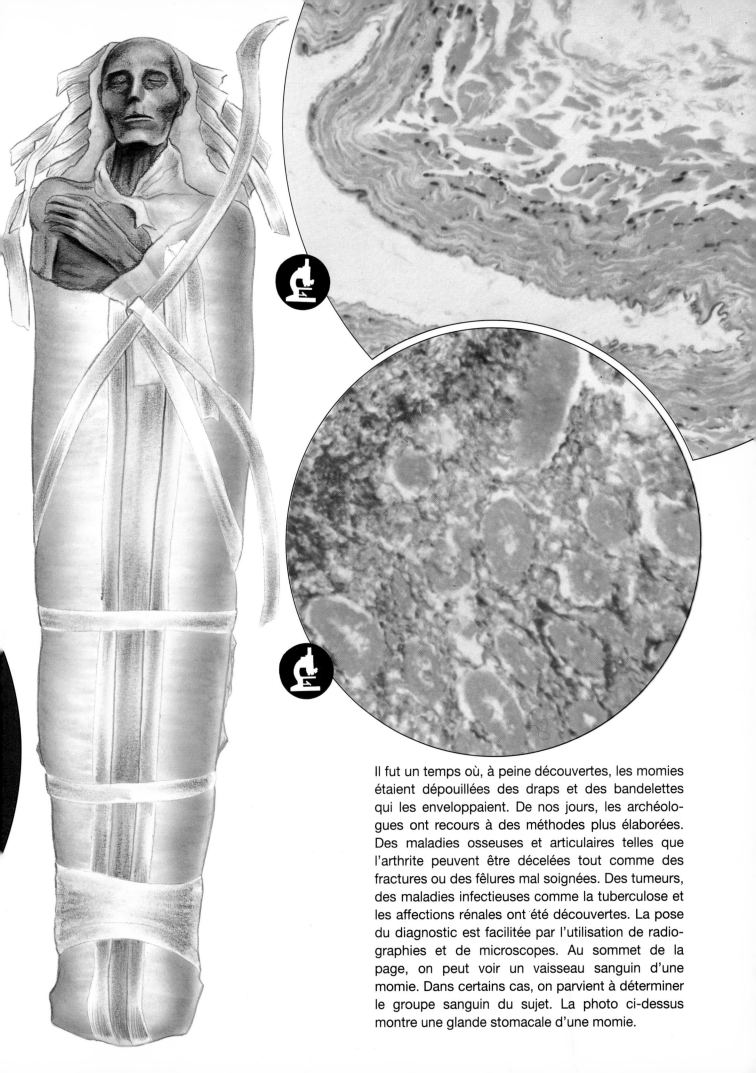

Il fut un temps où, à peine découvertes, les momies étaient dépouillées des draps et des bandelettes qui les enveloppaient. De nos jours, les archéologues ont recours à des méthodes plus élaborées. Des maladies osseuses et articulaires telles que l'arthrite peuvent être décelées tout comme des fractures ou des fêlures mal soignées. Des tumeurs, des maladies infectieuses comme la tuberculose et les affections rénales ont été découvertes. La pose du diagnostic est facilitée par l'utilisation de radiographies et de microscopes. Au sommet de la page, on peut voir un vaisseau sanguin d'une momie. Dans certains cas, on parvient à déterminer le groupe sanguin du sujet. La photo ci-dessus montre une glande stomacale d'une momie.

24

FRAGMENTS RÉVÉLATEURS

Les archéologues recherchent les indices qui leur facilite-raient la découverte des événements passés. Certains étu-dient des fragments, tels que le morceau d'étoffe illustré ici à gauche, afin de déterminer le mode de fabrica-tion des objets et les matériaux utilisés. Simultanément, ceux qui effectuent des études en laboratoire doivent dé-couvrir le moyen de conserver les spécimens que leurs successeurs analyseront ou que les visiteurs de musées pourront admirer. Ces archéologues sont des conserva-teurs. Ils radiographient les objets avant de passer à leur examen. Le travail délicat du nettoyage peut être mené à bien à l'aide d'un microscope binoculaire. Le microscope électronique permet l'identification des matériaux utilisés.

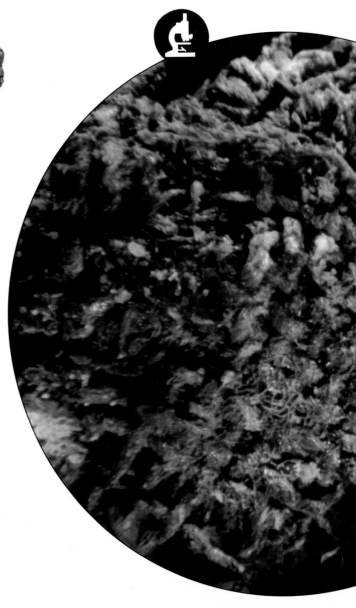

Les sites funéraires livrent souvent aux archéolo-gues des objets qui peuvent révéler ce que les gens portaient sur eux. On voit sur la photo ci-dessus une broche circulaire déterrée dans un cimetière anglo-saxon à West Heslerton dans le Yorkshire en Angleterre. Le cimetière faisait partie d'un très grand village entre 450 et 650 après Jésus-Christ. Les archéologues ont découvert une foule d'objets en terre avec les morts: flèches, couteaux, joaillerie et bijoux. Cette broche en bronze était munie d'une attache en fer pour l'accrocher aux vêtements de son propriétaire. Un fragment de tissu a été préservé par la corrosion du fer. La photo de droite montre que ce vêtement est en laine tissée et qu'il constitue peut-être les restes d'un manteau ou d'une tunique.

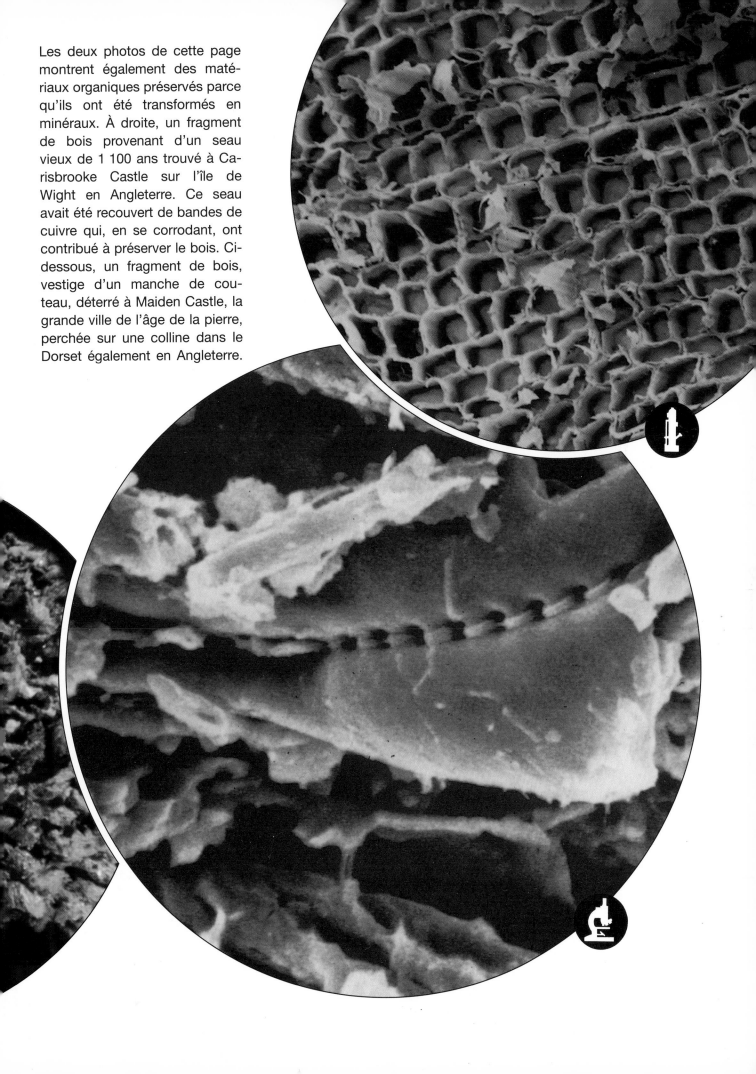

Les deux photos de cette page montrent également des matériaux organiques préservés parce qu'ils ont été transformés en minéraux. À droite, un fragment de bois provenant d'un seau vieux de 1 100 ans trouvé à Carisbrooke Castle sur l'île de Wight en Angleterre. Ce seau avait été recouvert de bandes de cuivre qui, en se corrodant, ont contribué à préserver le bois. Ci-dessous, un fragment de bois, vestige d'un manche de couteau, déterré à Maiden Castle, la grande ville de l'âge de la pierre, perchée sur une colline dans le Dorset également en Angleterre.

PASSÉ ET PRÉSENT

Les archéologues et les paléontologues recourent à une gamme de techniques scientifiques pour dévoiler des signes nouveaux et comprendre ce qui s'est passé. Cet ouvrage renferme de nombreuses photomicrographies réalisées au moyen d'appareils conçus pour d'autres usages. Cependant, certaines de ces techniques sont utilisées par des savants intéressés par le présent plutôt que par ce qui s'est passé il y a des millions d'années. Les géologues étudient des roches anciennes pour mieux comprendre les mouvements de l'écorce terrestre. D'autres scientifiques utilisent les informations recueillies pour tenter d'établir des prévisions sur la naissance de séismes et d'éruptions volcaniques.

Au-dessus à gauche, le pétrole constitue le combustile fossile le plus précieux. Raffiné, il est à la base de nombreux dérivés.

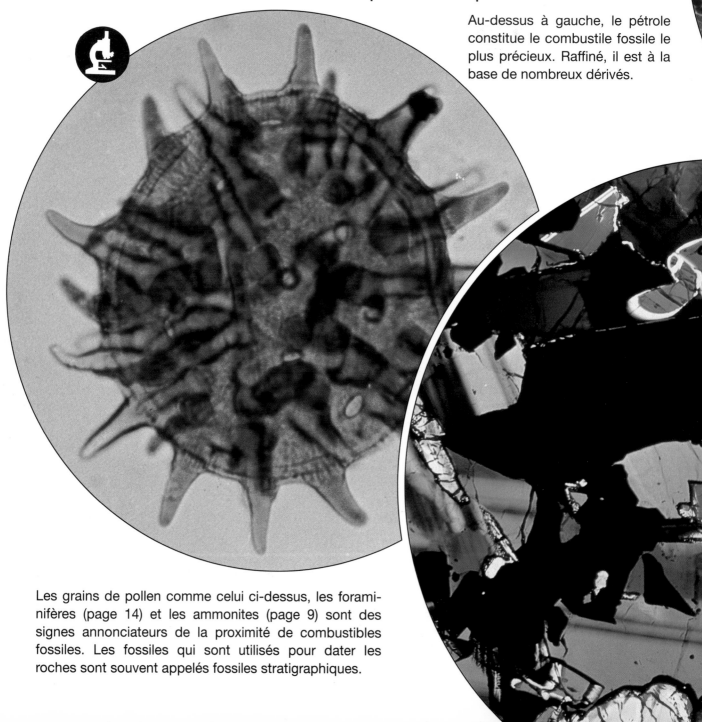

Les grains de pollen comme celui ci-dessus, les foraminifères (page 14) et les ammonites (page 9) sont des signes annonciateurs de la proximité de combustibles fossiles. Les fossiles qui sont utilisés pour dater les roches sont souvent appelés fossiles stratigraphiques.

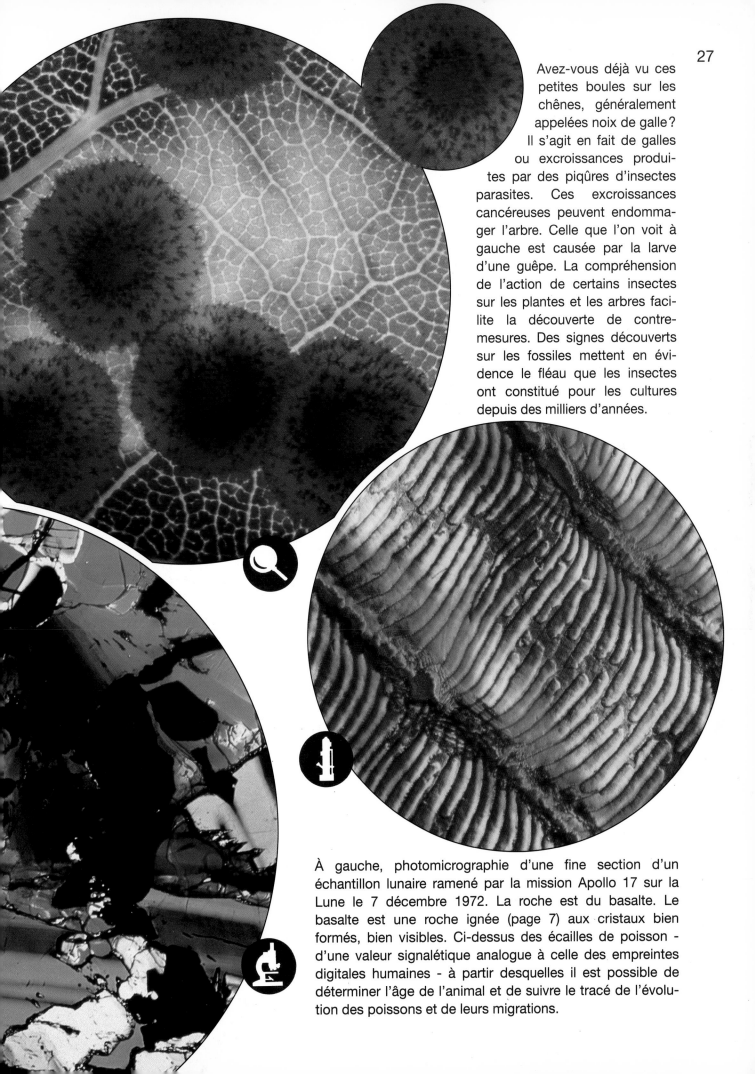

Avez-vous déjà vu ces petites boules sur les chênes, généralement appelées noix de galle? Il s'agit en fait de galles ou excroissances produites par des piqûres d'insectes parasites. Ces excroissances cancéreuses peuvent endommager l'arbre. Celle que l'on voit à gauche est causée par la larve d'une guêpe. La compréhension de l'action de certains insectes sur les plantes et les arbres facilite la découverte de contre-mesures. Des signes découverts sur les fossiles mettent en évidence le fléau que les insectes ont constitué pour les cultures depuis des milliers d'années.

À gauche, photomicrographie d'une fine section d'un échantillon lunaire ramené par la mission Apollo 17 sur la Lune le 7 décembre 1972. La roche est du basalte. Le basalte est une roche ignée (page 7) aux cristaux bien formés, bien visibles. Ci-dessus des écailles de poisson - d'une valeur signalétique analogue à celle des empreintes digitales humaines - à partir desquelles il est possible de déterminer l'âge de l'animal et de suivre le tracé de l'évolution des poissons et de leurs migrations.

EXPÉRIENCES DE LABORATOIRE

Avec une simple loupe, vous pouvez soulever une bonne partie du voile qui vous cache les détails de la nature. Mais si vous disposez d'un microscope courant, vous en découvrirez davantage. Tout ce que vous voulez examiner doit être déposé sur une lame de verre et doit être translucide; si nécessaire, vous découpez des fines tranches ou vous effilez les échantillons. Vous avez besoin dans ce cas de teintures spéciales pour colorer votre spécimen et permettre à votre œil d'opérer une distinction entre les cellules. Cette méthode est décrite ci-dessous. Si vous tentez une expérience compliquée, il est conseillé de vous faire aider par un adulte expérimenté, peut-être à l'école. Certains fournisseurs peuvent vous livrer, à des prix modérés, des préparations de très bonne qualité qui pourront aussi vous aider dans vos expériences.

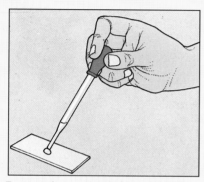

Pour préparer le spécimen, mêlez les cellules à examiner à un peu d'eau pure et déposez une goutte du mélange sur la lame de verre.

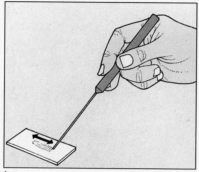

Étalez le liquide sur la lame au moyen d'une boucle de fer préalablement stérilisée à la flamme.

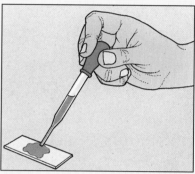

Ajoutez une gouttelette de teinture aux cellules et attendez quelques minutes.

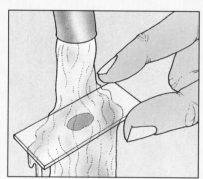

Rincez le colorant à l'eau ou à l'alcool. Utilisez un autre colorant si vous souhaitez obtenir des contrastes.

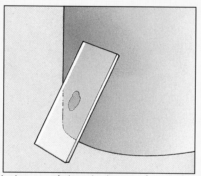

Laissez sécher la lame, éventuellement en chauffant le verre au-dessus d'une flamme.

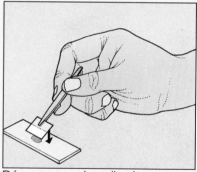

Déposez une lamelle de verre sur la préparation pour la protéger.

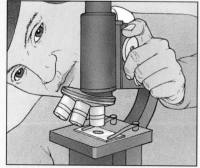

Déposez la lame sur la platine, fixez-la au moyen des deux valets et orientez le miroir pour optimiser l'éclairage.

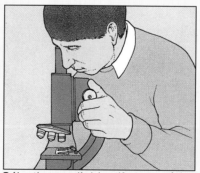

Sélectionnez l'objectif et procédez à la mise au point en déplaçant le corps de l'instrument par rapport à la platine et en commençant par le grossissement le plus faible.

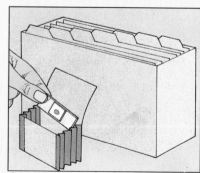

Conservez vos préparations dans un classeur en carton que vous pouvez fabriquer vous-même.

Une étude attentive des mesures exactes et un enregistrement précis constituent l'essentiel de la discipline que tout archéologue, géologue ou paléontologue doit s'imposer.

Vous pouvez découvrir des objets minuscules et des traces du passé en filtrant de la terre de votre jardin qui contient des fragments variés.

Si la découverte du passé vous intéresse personnellement, commencez par vous rendre au musée régional où le personnel vous informera. Il ne faut pas procéder à des fouilles individuelles, joignez-vous à une équipe organisée. Vous pouvez évidemment admirer des fossiles dans les musées, mais, si vous savez où regarder, vous pouvez en trouver dans des carrières, des falaises ou dans les couches rocheuses bordant des vallées.

PHOTOMICROGRAPHIE

Certaines photos illustrant cet ouvrage sont des photomacrographies ou photos très rapprochées de petits objets donnant une image plus grande que nature. Elles ont été réalisées au moyen d'un appareil photo muni d'un «macro-objectif» qui grossit le sujet à la manière d'une loupe. D'autres photos - appelées photomicrographies - ont été prises en fixant un appareil photographique à l'oculaire d'un microscope de laboratoire. Leurs couleurs sont souvent artificielles. Si vous disposez d'un microscope, vous pouvez prendre vos photomicrographies. Vous avez besoin d'un appareil reflex à un objectif et d'un raccord spécial. Cependant, les photos obtenues ne seront pas comparables à celles à fort grossissement que permet le microscope à balayage électronique.

Vous pouvez constituer vous-même une collection de fossiles. Prenez des notes précises sur le terrain et étiquetez soigneusement vos spécimens. Numérotez les spécimens, spécifiez la date et l'endroit de leur découverte et le type de roches dont ils proviennent. Les illustrations ci-dessous montrent comment réaliser des moulages de fossiles.

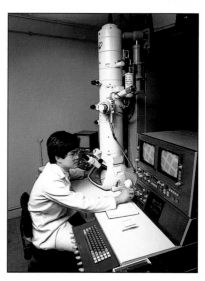

Les microscopes électroniques sont de deux types. Dans l'un, dit par transparence, un faisceau d'électrons traverse une très fine tranche de la préparation et l'image apparaît sur un écran. Dans l'autre, qui est à balayage électronique (SEM), un mince faisceau d'électrons balaie la surface du spécimen. Les images ponctuelles sont réfléchies, assemblées et projetées sur un écran de télévision. Le SEM permet d'obtenir des images tridimensionnelles très réalistes. Mais les tissus ne sont plus vivants car la préparation a tué leurs cellules. Les couleurs des photos réalisées au moyen d'un SEM sont artificielles et ne servent qu'à permettre d'opérer des distinctions entre les cellules.

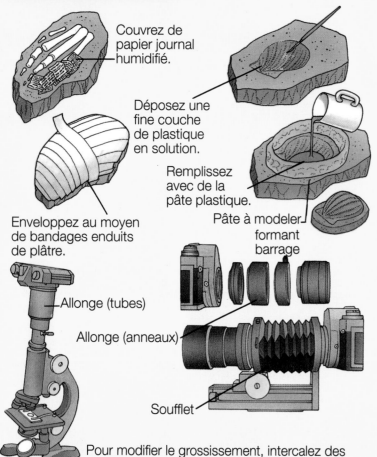

Couvrez de papier journal humidifié.

Déposez une fine couche de plastique en solution.

Remplissez avec de la pâte plastique.

Enveloppez au moyen de bandages enduits de plâtre.

Pâte à modeler formant barrage

Allonge (tubes)

Allonge (anneaux)

Soufflet

Pour modifier le grossissement, intercalez des allonges ou un soufflet entre l'appareil et l'objectif.

GLOSSAIRE

âge du fer: nom donné par les archéologues à la période de la protohistoire qui succède à l'âge du bronze (vers l'an 1000 av. J.-C.)

amphore: vase antique à deux anses, à pied étroit. Les amphores étaient utilisées par les anciens Grecs et Romains pour transporter de l'huile, du vin et des saumures aromatisées.

croûte ou écorce terrestre: couche externe du globe terrestre faite de trois types de roches: ignées, sédimentaires et métamorphiques

dendrochronologie: système de datation du bois découvert sur les sites archéologiques consistant à compter les cercles annuels de croissance de l'arbre

dinosaure (du grec *deinos*: terrible et *sauros*: énorme): animal de l'ère secondaire de l'ordre des dinosauriens

dinosauriens: ordre des reptiles fossiles de taille gigantesque, caractéristique de la période secondaire

fossile (adj): se dit des débris ou des empreintes des corps organisés, conservés dans les dépôts sédimentaires de l'écorce terrestre. **Fossile** (n.m.): organisme végétal ou animal fossile

fossilisation: passage d'un corps organisé à l'état de fossile. Fossilisation par carbonisation, pétrification

glaciaire (adj.): période glaciaire: période consécutive à un abaissement considérable de la température atmosphérique et caractérisée par l'extension des glaciers sur d'immenses étendues

ichtyosaure: grand reptile fossile de l'époque secondaire

magma: masse minérale pâteuse située en profondeur dans une zone de température très élevée et de très fortes pressions, où s'opère la fusion des roches

pétrification: transformation de structures organiques par imprégnation de composés minéraux (silice, carbonate de calcium). Formation d'une couche pierreuse par incrustation de carbonate de calcium sur des corps séjournant dans l'eau calcaire

ptérosauriens: reptiles fossiles du secondaire qui étaient adaptés au vol grâce à des ailes membraneuses soutenues par un doigt

roches ignées: roches produites par l'action du feu

roche métamorphique: toute roche qui a été modifiée dans sa structure par l'action de la chaleur et de la pression

roche sédimentaire: produite ou constituée par un sédiment

sédiment: dépôt naturel dont la formation est due à l'action des agents dynamiques externes

POIDS ET MESURES

g = gramme; 1000 g = 1 kg
kg = kilogramme
0,1 = 1/10
0,01 = 1/100
0,001 = 1/1000

mm = millimètre; 10 mm = 1 cm
cm = centimètre; 100 cm = 1 m
m = mètre; 1000 m = 1 km
km = kilomètre

Origine des photographies:
Couverture: Topham Picture Library; page de titre et pages 9 (en haut), 10 (à gauche), 11 (à droite), 14 (à droite) et 15 (en haut): Ardea; pages 6 (à gauche), 7 (en bas), 11 (à gauche) et 29 (en haut): Geo-science Features; pages 6 (à droite), 8 et 17 (à gauche): Bruce Coleman Ltd.; pages 7 (en haut), 10 (à droite), 12 (les deux), 13 (les deux), 16, 17 (à droite), 22 (à droite), 26 (à droite), 27 (les deux) et 29 (au milieu et en bas): Science Photo Library; pages 8-9, 14 (à gauche) et 15 (en bas): Biophoto Associates; page 9 (en bas): British Museum (Natural History / Oxford Scientific Films; page 18 (à gauche): Photosources; pages 18 (à droite), 24 et 25: English Heritage; page 19 (les deux): Dr David Williams; page 20: Alexander Keiller Museum; page 21 (en haut): Silkeborg Museum, Danemark; page 21 (en bas): Ronald Sheridan; pages 22 (à gauche) et 23 (les deux): Dept of Histopathology Royal Preston Hospital; page 26 (à gauche): Shell.

PRINTED IN BELGIUM BY
proost
INTERNATIONAL BOOK PRODUCTION